海上絲綢之路基本文獻叢書

粤道貢國説（上）

〔清〕梁廷枏 編

文物出版社

圖書在版編目（CIP）數據

粵道貢國説．上 /（清）梁廷枏編．-- 北京 : 文物出版社，2022.7
（海上絲綢之路基本文獻叢書）
ISBN 978-7-5010-7641-3

Ⅰ．①粵… Ⅱ．①梁… Ⅲ．①中外關係－國際關係史－史料－清代 Ⅳ．①D829

中國版本圖書館 CIP 數據核字（2022）第 097824 號

海上絲綢之路基本文獻叢書

粵道貢國説（上）

編　　者：〔清〕梁廷枏
策　　劃：盛世博閱（北京）文化有限責任公司

封面設計：鞏榮彪
責任編輯：劉永海
責任印製：張道奇

出版發行：文物出版社
社　　址：北京市東城區東直門内北小街 2 號樓
郵　　編：100007
網　　址：http://www.wenwu.com
經　　銷：新華書店
印　　刷：北京旺都印務有限公司
開　　本：787mm×1092mm　1/16
印　　張：14.25
版　　次：2022 年 7 月第 1 版
印　　次：2022 年 7 月第 1 次印刷
書　　號：ISBN 978-7-5010-7641-3
定　　價：98.00 圓

總緒

海上絲綢之路，一般意義上是指從秦漢至鴉片戰争前中國與世界進行政治、經濟、文化交流的海上通道，主要分爲經由黄海、東海的海路最終抵達日本列島及朝鮮半島的東海航綫和以徐聞、合浦、廣州、泉州爲起點通往東南亞及印度洋地區的南海航綫。

在中國古代文獻中，最早、最詳細記載『海上絲綢之路』航綫的是東漢班固的《漢書·地理志》，詳細記載了西漢黄門譯長率領應募者入海『齎黄金雜繒而往』之事，書中所出現的地理記載與東南亞地區相關，并與實際的地理狀況基本相符。

東漢後，中國進入魏晉南北朝長達三百多年的分裂割據時期，絲路上的交往也走向低谷。這一時期的絲路交往，以法顯的西行最爲著名。法顯作爲從陸路西行到印度，再由海路回國的第一人，根據親身經歷所寫的《佛國記》（又稱《法顯傳》）一書，詳細介紹了古代中亞和印度、巴基斯坦、斯里蘭卡等地的歷史及風土人情，是瞭解和研究海陸絲綢之路的珍貴歷史資料。

隨着隋唐的統一，中國經濟重心的南移，中國與西方交通以海路爲主，海上絲綢之路進入大發展時期。廣州成爲唐朝最大的海外貿易中心，朝廷設立市舶司，專門管理海外貿易。唐代著名的地理學家賈耽（七三〇～八〇五年）的《皇華四達記》記載了從廣州通往阿拉伯地區的海上交通『廣州通夷道』，詳述了從廣州港出發，經越南、馬來半島、蘇門答臘半島至印度、錫蘭，直至波斯灣沿岸各國的航綫及沿途地區的方位、名稱、島礁、山川、民俗等。譯經大師義净西行求法，將沿途見聞寫成著作《大唐西域求法高僧傳》，詳細記載了海上絲綢之路的發展變化，是我們瞭解絲綢之路不可多得的第一手資料。

宋代的造船技術和航海技術顯著提高，指南針廣泛應用於航海，中國商船的遠航能力大大提升。北宋徐兢的《宣和奉使高麗圖經》詳細記述了船舶製造、海洋地理和往來航綫，是研究宋代海外交通史、中朝友好關係史、中朝經濟文化交流史的重要文獻。南宋趙汝適《諸蕃志》記載，南海有五十三個國家和地區與南宋通商貿易，形成了通往日本、高麗、東南亞、印度、波斯、阿拉伯等地的『海上絲綢之路』。宋代爲了加强商貿往來，於北宋神宗元豐三年（一〇八〇年）頒佈了中國歷史上第一部海洋貿易管理條例《廣州市舶條法》，并稱爲宋代貿易管理的制度範本。

元朝在經濟上採用重商主義政策，鼓勵海外貿易，中國與歐洲的聯繫與交往非常頻繁，其中馬可·波羅、伊本·白圖泰等歐洲旅行家來到中國，留下了大量的旅行記，記録元代海上絲綢之路的盛況。元代的汪大淵兩次出海，撰寫出《島夷志略》一書，記録了二百多個國名和地名，其中不少首次見於中國著録，涉及的地理範圍東至菲律賓群島，西至非洲。這些都反映了元朝時中西經濟文化交流的豐富内容。

明、清政府先後多次實施海禁政策，海上絲綢之路的貿易逐漸衰落。但是從明永樂三年至明宣德八年的二十八年裏，鄭和率船隊七下西洋，先後到達的國家多達三十多個，在進行經貿交流的同時，也極大地促進了中外文化的交流，這些都詳見於《西洋蕃國志》《星槎勝覽》《瀛涯勝覽》等典籍中。

關於海上絲綢之路的文獻記述，除上述官員、學者、求法或傳教高僧以及旅行者的著作外，自《漢書》之後，歷代正史大都列有《地理志》《四夷傳》《西域傳》《外國傳》《蠻夷傳》《屬國傳》等篇章，加上唐宋以來衆多的典制類文獻、地方史志文獻，集中反映了歷代王朝對於周邊部族、政權以及西方世界的認識，都是關於海上絲綢之路的原始史料性文獻。

海上絲綢之路概念的形成，經歷了一個演變的過程。十九世紀七十年代德國地理學家費迪南・馮・李希霍芬（Ferdinad Von Richthofen，一八三三～一九〇五），在其《中國：親身旅行和研究成果》第三卷中首次把輸出中國絲綢的東西陸路稱爲『絲綢之路』。有『歐洲漢學泰斗』之稱的法國漢學家沙畹（Édouard Chavannes，一八六五～一九一八），在其一九〇三年著作的《西突厥史料》中提出『絲路有海陸兩道』，蘊涵了海上絲綢之路最初提法。迄今發現最早正式提出『海上絲綢之路』一詞的是日本考古學家三杉隆敏，他在一九六七年出版《中國瓷器之旅：探索海上的絲綢之路》中首次使用『海上絲綢之路』一詞；一九七九年三杉隆敏又出版了《海上絲綢之路》一書，其立意和出發點局限在東西方之間的陶瓷貿易與交流史。

二十世紀八十年代以來，在海外交通史研究中，『海上絲綢之路』一詞逐漸成爲中外學術界廣泛接受的概念。根據姚楠等人研究，饒宗頤先生是華人中最早提出『海上絲綢之路』的人，他的《海道之絲路與昆侖舶》正式提出『海上絲路』的稱謂。選堂先生評價海上絲綢之路是外交、貿易和文化交流作用的通道。此後，大陸學者馮蔚然在一九七八年編寫的《航運史話》中，使用『海上絲綢之路』一詞，這是迄今學界查到的中國大陸最早使用『海上絲綢之路』的人，更多地限於航海活動領域的考察。一九八〇年北京大學陳炎教授提出『海上絲綢之路』研究，并於一九八一年發表《略論海上絲綢之路》一文。他對海上絲綢之路的理解超越以往，且帶有濃厚的愛國主義思想。陳炎教授之後，從事研究海上絲綢之路的學者越來越多，尤其沿海港口城市向聯合國申請海上絲綢之路非物質文化遺産活動，將海上絲綢之路研究推向新高潮。另外，國家把建設『絲綢之路經濟帶』和『二十一世紀海上絲綢之路』作爲對外發展方針，將這一學術課題提升爲國家願景的高度，使海上絲綢之路形成超越學術進入政經層面的熱潮。

與海上絲綢之路學的萬千氣象相對應，海上絲綢之路文獻的整理工作仍顯滯後，遠遠跟不上突飛猛進的研究進展。二〇一八年厦門大學、中山大學等單位聯合發起『海上絲綢之路文獻集成』專案，尚在醖釀當中。我們不揣淺陋，深入調查，廣泛搜集，將有關海上絲綢之路的原始史料文獻和研究文獻，分爲風俗物産、雜史筆記、海防海事、典章檔案等六個類别，彙編成《海上絲綢之路歷史文化叢書》，於二〇二〇年影印出版。此輯面市以來，深受各大圖書館及相關研究者好評。爲讓更多的讀者親近古籍文獻，我們遴選出前編中的菁華，彙編成《海上絲綢之路基本文獻叢書》，以單行本影印出版，以饗讀者，以期爲讀者展現出一幅幅中外經濟文化交流的精美畫卷，爲海上絲綢之路的研究提供歷史借鑒，爲『二十一世紀海上絲綢之路』倡議構想的實踐做好歷史的詮釋和注脚，從而達到『以史爲鑒』『古爲今用』的目的。

凡例

一、本編注重史料的珍稀性，從《海上絲綢之路歷史文化叢書》中遴選出菁華，擬出版百册單行本。

二、本編所選之文獻，其編纂的年代下限至一九四九年。

三、本編排序無嚴格定式，所選之文獻篇幅以二百餘頁爲宜，以便讀者閱讀使用。

四、本編所選文獻，每種前皆注明版本、著者。

五、本編文獻皆爲影印，原始文本掃描之後經過修復處理，仍存原式，少數文獻由於原始底本欠佳，略有模糊之處，不影響閱讀使用。

六、本編原始底本非一時一地之出版物，原書裝幀、開本多有不同，本書彙編之後，統一爲十六開右翻本。

目録

粤道貢國説（上）

粤道貢國説（上）

卷一至卷三

〔清〕梁廷枏 編

清抄本

粵道貢國説目錄

粵道貢國說卷一

澄海縣訓導臣梁廷枏謹編

謹案我
朝威德覃敷遠無弗屆朝鮮一國率先效順
厥後琉球越南日本相繼敂關咸稱屬國
同奉正朔久列藩封方物貢期胥歸定則
此外則西海窮陬從古未通之國靡不向
化輸誠梯書航琛來

庭恐後入貢道路例按海洋遠近分隸沿邊
各省泉伯拿之由廣東入貢者惟暹羅荷
蘭西洋所屬意大里亞博爾都噶爾雅以
遠暎咭唎諸國每屆使舟至境大吏以
聞輒奉
俞旨燕勞有典伴送有官厚往薄來
恩施優渥臣海邦生長耳濡目染縷牒難書然
往籍可徵即方隅典故已足覘

一統無外之規
聖德懷柔之遠與前代遣使招致者迥殊被世沐
皇仁所為感激歡欣當不知如何鼓舞其有吐蚩
尤之霧而煽鯨鯢之波者使天良未泯靜
念將何以為心是用溯考舊章就諸國貢
道之例出廣東者各舉其入貢之期奉貢
之物
敕詞之褒獎

賜予之便蕃悉著於篇俾共知
昭代同文之盛至若越南接壤廉瓊依
光更近民夷牙錯咨會為多顧其貢道自出粵
西兩不相越今不載焉

入貢通例

順治元年定外國朝貢以表文方物為憑
該督撫查照的實方准具題入貢
又定凡外國人送該督撫禮物永行禁止

又定貢使到京所貢方物會同館呈報禮
部提督該館司官赴館查驗分撥員役管
領該部奏
聞貢物交進內務府象交鑾儀衛馬交上駟院腰
刀鹿皮青黍皮等物交武備院凡進硫黃
者留交該督撫收貯又定外國貢使在途
病故禮部具題令內院撰祭文所在布政
司備祭品遣堂官致祭一次仍置地塋立

卷一 三

石封識若同來使臣自願帶回骸骨者聽
若到京病故給棺木紅緞遣祠祭司官
諭祭兵部應付車輛人夫其應賞衣服緞疋等物
仍付同來使臣領回頒給若進貢從人在
京病故者給棺木紅紬在途病故者聽其
自行埋葬
凡進貢員役順治元年定每次不得過百
人入京員役止許二十人餘皆留邊聽賞

其進貢船不得過三隻每船不得過百人
又定凡外國進貢除定例船隻外其接貢
探貢等船一槪阻回不許放入
順治八年題准凡外國進貢正副使及定
額從人來京沿途口糧驛遞夫馬船車該
督撫照例給發差官伴送及兵丁護送到
京其貢使回國沿途口糧驛遞夫船兵部
給與勘合其留邊人役該地方官照例給

卷一　四

其食物嚴加防守候貢使回國時同送出
境
康熙五年題准凡外國奏疏不得交付遣
往使臣帶來令專差官交該督撫轉奏
六年定外國投文到該督撫該督撫即開
閱原文議題
又題准凡督撫提鎮等官不許擅自移文
外國

乾隆三十六年六月禮部奏奉
聖諭據諾穆親奏南掌國遣使貢象到滇即照向
例派員伴送起程復檢查乾隆三十五年部議
嗣後外國入貢俱令挨省派員伴送更換交代
毋許一人長送乃並未詳查新例仍照上屆辦
理實屬錯悞請交部嚴加議處等語已批該部
議奏矣此事禮部新定之例未為妥協該部因
福建伴送琉球貢使到京逾期議令派出伴送

卷一 九

之員撥省更替毋許一人長送意在防其沿途稽滯而未能切當事情福建之於琉球雲南之於南掌貢使初至該省皆有應行照料事宜既派有委辦伴送之員即當終始其事而派員與貢使伴行日久一切與之相習途中屢易生手亦覺非宜若慮派員在路托故遷延止須於經過各省添派妥員護送儧行自不虞其任意遲緩若以此而論議停長送專員何異因噎廢食

所有外國貢使來京及由京帰國派員伴送及
各省添員護送之例着該部另行定議具奏諸
務親雖未照禮部新例而所辦未為錯悞毋庸
交部議處欽此臣等伏查乾隆三十五年　月
臣部因琉球貢使自福建起身行走四月
有餘直至正月二十一日始行到京有悞
元旦
朝賀當查福建撫臣所委伴送官僅一試用舉人

卷一　六

王紹實既不足以資彈壓任意稽延經過地方官又不爲趲送以至沿途逗遛滯是以奏請嗣後貢使到省該撫於同知通判中遴委一員伴送一面知照前途亦按省派委同知等官一員更換交代毋須一人長送以免隔省呼應不靈之弊并請嗣後各省凡有外國入貢者俱照此畫一辦理奉

旨允准通行在案茲因南掌遣使慶賀
萬壽貢象到滇該署撫諾穆親業已派員伴送起
行旋以未照新例辦理請
旨交部嚴加議處奉
硃批該部議奏欽此復奉
諭旨禮部新定之例未為妥協着另行定議具奏
諾穆親所辦未為錯悞毋庸交部議處欽此臣
等伏讀

聖諭諄詳開示仰見我
皇上加惠遠人辦理周密之至意伏思長途伴送
夷使原須彼此相習若屢經更換誠覺非
宜從前所定之例未為詳盡臣等酌議嗣
後各省貢使到境該撫即於同知通判中
遴委一員應用武弁者并酌派守備一員
伴行長送到京俾沿途足資照料彈壓并
一面知照經過各省預定添派委員護送

儹行梅省更替庶不致委員逾省呼應不
靈其回國時仍令原派委員長送經過各
省亦仍遴委妥員護送出境如此則既有
長伴熟習之人照看經理復有沿途添派
之員護送儹行自不至稽延貽悮而於柔
遠之道益昭周密矣至琉球蘇祿安南等
貢使回國向例　臣　部揀選司員引
見派出伴送嗣後應請停止以歸畫一奉

旨依議欽此

五十六年奉

旨嗣後外藩各國賫表來京貢獻方物所有安南緬甸暹邏南掌等國來京使臣及隨從人等應行照料事宜俱著內務府經理仍著禮部派委司官二員帮同照應欽此

暹邏國一

謹按明史及東西洋考並云暹邏即古赤

土國後分爲羅斛暹二國羅斛爲暹所併明賜以暹羅國王印始稱暹羅地在越南之西緬甸之南白城之西北其西即榜噶喇海也據隋書云赤土國扶南別種在南海中水行百餘日而達所都土色赤因以爲號其王姓瞿曇氏名利富多塞不知有國遠近稱其父釋王位出家傳位於利富多塞其俗敬佛煬帝即位募能通絶域者

卷一　九

大業三年屯田主事常駿虞部主事王君
政等請使赤土齎物五千段賜赤土王其
年十月駿等自南海郡乘舟晝夜二旬至
蕉石山而過東南泊陵伽鉢拔多洲西與
林邑相對又行二三日西望見狼牙修之
山於是南達雞籠島至赤土界其王遣婆
羅門鳩摩羅以舶三十艘來迎進金鏁以
纜駿船月餘至其都王遣其子那邪迦請

與駿等禮見先遣人送金盤貯香花并鏡
鑷金合二枚貯香油金瓶八枚貯香水白
疊布四條以供使者盥洗其日那邪迦又
將象二頭持孔雀蓋以迎使人并致金花
金盤以藉詔函男女百人奏蠡鼓婆羅門
二人導路至王宮駿等宣詔訖奏天朝樂
事畢還館又遣婆羅門就館送食以草葉
爲盤其大方丈因謂駿曰今是大國中人

非復赤土國矣飲食疎薄願為大國意而
食之後數日請駿等入宴王前設兩牀牀
上並設草葉盤有黃白紫赤四色之餅牛
羊蝳蝐之肉百餘品延駿升牀從者坐於
地席各以金鍾置酒女樂迭奏禮遺甚厚
尋遣那邪迦隨駿貢方物并獻金芙蓉冠
龍腦香以鑄金為多羅葉隱起成文以為
表金函封之令婆羅門以香花奏蠡鼓而

送之既入海見綠魚羣飛水上浮海十餘日至林邑東南並山而行其海水濶千餘步色黃氣腥舟行一月不絶云是大魚糞也駿以六年春與那邪迦於宏農謁帝帝大悅賞各有差又元史云成宗元貞元年進金字表欲朝廷遣使至其國比其表至已先遣使蓋彼未之知也賜來使素金符佩之使急追詔使同往以暹人與麻里子

卷一 十一

兒舊相讐殺至是皆歸有旨諭暹人勿傷麻里子兒大德三年其國主上言其父在位時朝廷嘗賜鞍轡白馬及金縷衣乞循舊例以賜帝以丞相完澤答剌罕言彼小國而賜以馬恐其鄰忻都輩譏議朝廷仍賜金縷衣不賜以馬又明史云即隨唐赤土國後分爲羅斛暹二國暹土瘠不宜稼羅斛地平衍種多獲暹仰給焉元時暹常

入貢其後暹羅斛強併有暹地遂稱暹羅斛
國洪武三年命使臣呂宗俊等齎詔諭其
國四年其王參烈昭毗牙遣使奉表與宗
俊等偕來貢馴象六足龜及方物詔賜其
王錦綺及使用幣帛有差五年貢黑熊白
猿明年其王之姊參烈思寧別遣使進金
葉表貢方物於中宮却之已而其姊復遣
使來貢仍却之而宴賚其使時其王懦而

不武國人推其伯父參烈寶毘邪嗯哩哆囉祿主國事遣使來告貢方物宴賚如制已而新王遣使來貢謝恩又遣使賀正旦貢方物獻本國地圖七年使臣沙里拔來貢言去年舟次烏猪洋遭風壞舟飄至海南賴官司救護尚存飄餘兜羅綿降香蘇木諸物進獻廣東省臣以聞帝恠其無表既言舟覆而方物乃有存者疑其爲番商

命邵之世子蘇門邦王昭祿羣膺亦遣使
上箋於皇太子貢方物命引其使朝東宮
宴賚遣之其舊明臺王世子昭孛羅局亦
遣使奉表朝貢宴賚如王使十年昭祿羣
膺承其父命來朝帝喜命禮部員外郎王
恒等齎詔及印賜之文曰暹羅國王之印
併賜世子衣幣及道里費自是其國遵朝
命始稱暹羅比年一貢或一年兩貢三十

卷一　十三

八年昭祿羣膺遣使朝貢且告父喪命中
官趙達等往祭勅世子嗣位永樂元年賜
其王昭祿羣膺哆囉諦剌駞紐鍍金銀印
其王即遣使謝恩二年其王以帝降璽書
遣使來謝貢方物賜賚有加并賜列女傳
百冊使者請頒量衡為國式從之時暹羅
所遣貢使失風飄至安南盡為黎賊所殺
止餘孛黒一人後官軍征安南獲之以歸

帝閔之七年使來祭仁孝皇帝命中官告之几筵時奸民何八觀等逃入暹羅帝命使者還告其主毋納逋逃其王即奉命遣使送八觀等還命張原齎勅獎之十四年三月波羅摩剌劄的賴遣使告父之喪命中官郭文往祭別遣官齎詔封其子爲王賜以素錦素羅隨遣使謝恩十七年命中官楊敏等護歸以暹羅侵滿剌加遣使

卷一　十四

責令輯睦王復遣使謝罷景泰四年命給
事中劉洙行人劉泰祭其故王波羅摩剌
劉的賴封其嗣子把羅蘭米孫剌為王天
順元年賜其貢使及鈒花金帶成化九年
貢使言天順元年所領勘合為蟲所蝕乞
改給從之十七年貢使還至中途竊買子
女且多載私鹽命遣官戒諭諸番先是汀
州人謝文彬以販鹽下海飄入其國仕至

坤岳猶天朝學士也後充使來朝貿易禁
物事覺下吏十八年遣使朝貢且告父喪
命給事中林霄行人姚隆往封其子國隆
勅剌畧坤息剌尤地為王宏治十年入貢
時四夷館無暹羅譯字官閣臣徐溥等請
移牒廣東訪取能通彼國言語文字者赴
京備用從之正德四年暹羅船有飄至廣
東者市舶中官熊宜與守臣議稅其物供

軍需事聞詔斥宜妄攬事柄撤還南京十年進金葉表朝貢館中無識其字者閣臣梁儲等請選留其使一二人入館肄習報可嘉靖元年暹羅占城貨船至廣東市舶中官牛榮從家人私市論死如律三十二年遣使貢白象及方物象死於途使者以珠寶飾其牙盛以金盤并尾來獻帝嘉其意厚遣之隆慶中其隣國蠻牛求婚不得

赫怒大發兵攻破其國王自經擄其世子及天朝所賜印以歸次子嗣位奉表請印子之嗣王勵志復仇萬歷間敵兵復至王整兵奮擊大破之暹羅由是雄海上移兵攻破眞臘降其王從此歲歲用兵遂霸諸國六年遣使入貢其後奉貢不替崇禎十六年猶入貢其國周千里風俗勁悍習於水戰大將用聖鐵裹身刀矢不能入聖鐵

者人腦骨也王頂里人官分十等自王至
庶民有事皆決於其婦其婦人志量實出
男子上婦私華人則夫置酒同飲恬不為
怪曰我婦美而為華人所悅也崇信釋教
男女多為僧尼亦居菴寺持齋受戒衣服
頗類中國富貴者尤敬佛百金之產即以
其半施之地卑濕人皆樓居男女椎結以
白布裹首富貴者死用水銀灌其口而葬

之貧者移至海濱即有羣鴉飛啄俄頃而盡蠱家人拾其骨歸泣而棄之於海謂之鳥葬交易用海𧴩是年不明𧴩則國必大疫其貢物有象牙犀角孔雀尾翠羽龜筒六足龜寶石珊瑚片腦米腦糠腦油腦紫膏薔薇水碗石丁皮阿魏紫梗藤黃硫黃藤竭沒藥烏爹泥安息香羅斛香速香檀香黃熟香降香乳香木香丁香烏胡椒蘇木豆

冠華茭烏木大楓子撒哈剌西洋諸布其
國有三寶廟祀中官鄭和又
大清一統志云其國在台城西南東連大呢西
接蘭場北界大海國周千里有大庫司九
府十四縣七十二又
皇朝職貢圖云其官制九等四等以上戴銳頂
金帽嵌以珠寶五等以下則以絨緞爲之
衣錦繡及織金或花布短衣繫錦帶婦人

以金銀為簪釧約指上衣披五色綵縵下衣五綵織金花縵拖地長二三寸足履紅革靴鞋其選擧皆引至王前咨以民事應對得當即授官服侯用文字橫書有事則具書文朗誦呈王地卑濕民皆樓居坐臥即以樓板上藉以氈席其風俗勁悍習於水戰崇佛齋僧飼象取牙以奉夷目男白布纏頭衣短衣曳革履佩刀劍婦女椎髻

卷一　十八

上衣披青藍布縵下衣五色布短裙性善游冶亦不紡績俗重女輕男又海國聞見錄云會城中國用漢人爲官屬理國政城郭斬豁從海口至國城溪長二千四百里水深闊洋船隨流出入通黃河支流岸夾大樹田疇饒廣農時闔家棹舟耕種事畢而回無俟鋤芸穀熟仍棹舟收獲而歸粟稾長二丈許以爲入貢土物蓋播秧畢而

黄河水至苗隨水以長水尺苗尺水丈苗
丈無旱澇之患水退而稻熟矣米價石兩
三星以銀豆爲幣大者重四錢中者一錢
次者五分小者二分五釐其名皆王鑄字
法不得剪碎零用我以海螺螺今臚採諸
書詳其風俗云
國初定貢期三年一貢由兩廣總督廣東巡
撫代題

卷一　十九

敕部議准後知照該督撫令其入貢其貢使來
有正使二使三使四使其下爲從人赴京
者不過百二十六人其貢物爲馴象備象
龍涎香幼嘆香犀角象牙荳蔻降香藤黃
大楓子土桂皮烏木蘇木蓽撥樟腦兒茶
皮樹膠及硫磺檀香冰片翠鳥皮孔雀尾
潤紅布大荷蘭氈冰片油薔薇露又貢物
一分其數減半或有如進之物聽其隨宜

進獻題准收受交內務府象交鑾儀衛表
用金葉聯以金筒錦袱錦袋袋上有金鈕
金圈加蓋以螺鈿盒一貼金盒一並有花
緞盒套套上各有金圈其
須賞賜國王錦八匹織金緞八匹織金紗八匹
織金羅八匹紗十二匹緞十八匹羅十八
匹
賜王妃織金緞四匹織金紗四匹織金羅四匹

紵絲六匹紗六匹羅六匹貢使各織金羅三
匹紵絲八匹羅五匹裏紬二匹布一匹通事
紵絲五匹羅五匹絹三匹從人各絹三匹布
八匹伴送官彭紵絲袍一件如貢使係微員
視職分酌減通事從人等俱一例酌減
賞給所
賞國王王妃物件及
特恩加賜物件俱禮部移內閣撰入

敕內交貢使齎回
順治九年十二月遣使請貢並換給印敕
勘合
十年廣東巡撫奏暹羅國遣使請貢
十六年兩廣總督題准暹羅國再來探貢
所帶壓船貨物就地方交易其抽丈船貨
稅銀請冊移送戶部察核
康熙二年暹羅國正貢船行至七洲海面

遇風飄失止有護貢船一隻來至虎門仍
令遣回
三年七月平南王尚可喜奏暹羅國來餽
禮物卻不受
是年題准進貢正貢船二隻令員役二十
名來京補貢船一隻令六人來京在該國
貿易一次其年暹羅入貢方物凡十三種
有孔雀六足龜

謹案是年定制孔雀大足龜後俱免進

四年十一月國王遣陪臣握坤司吝喇耶

低邁禮等齎金葉表文航海入貢表稱暹

羅國王臣森列拍臘照古龍拍臘

坤司由提呀菩埃誠惶誠恐稽首謹奏

大清皇帝陛下伏以

新君御世普照中天四海沾帡幪之德萬方被教

化之恩卑國久荷

卷一 二十二

天朝恩涯末傾葵藿之心今特躬誠朝貢敢效
輸疑敬差正貢使握坤司吝喇耶低邁禮
副貢使握坤心勿吞瓦替三貢使握坤司
敕搏瓦絲大通事揭帝典辨事等臣梯航
渡海齎奏金葉表文方物譯書一道前至
廣省差官伴送京師進獻用伸拜舞之誠
恪盡遠臣之職伏冀
俯垂寬宥不恭微臣瞻

天仰
聖曷勝屏營之至謹具表稱奏以
聞
聖祖仁皇帝命從優賞賚
御前方物龍涎香西洋閃金緞象牙胡椒藤黃荳
蔻速香烏木大楓子金銀香蘇木孔雀龜
凡十有三種
皇后前方物並同各減半

賜國王緞紗羅各六織金緞紗羅各四王妃各減
二正副使每人正賞采緞羅各四絹二布
一衣緞表裏各一加賞織金羅采緞各二
韈一雙通事從人緞羅絹布韈有差
又議准該國正貢船二令員役二十人來
京、補貢船一令六人來京、
是年題定暹羅國貢期三年一次貢道由
廣東例於常貢外有加貢無定額、

又覆准進貢船不許過三隻每船不許過百人來京員役二十名其接貢探貢船概不許放人

謹按暹羅貢道據雍正年修會典議在康熙四年嘉慶年修會典議在六年年各異

又按是年暹羅進貢正貢船一隻護貢船一隻載象船一隻故有是議

五年十一月國王遣陪臣握坤司吞喇耶

低邁禮等來貢部議以所貢物與會典不
符應令後次補貢得
旨暹羅小國貢物有產自他國者與會典難以相
符所去貢物免其補進以後俱以伊國所有者
進貢欽此時貢物內有神幔一條以非進奉
天朝之禮交來使帶回
賜國王王妃與四年同正副使每人緞七羅四織
金羅緞各二裏綢一布一韡一雙通事從

人及留邊人給賞各有差
九年遣使入貢如例
十一年三月國王遣其陪臣來貢得
旨貢使所攜貨物願至京師貿易則聽其自運或
願在廣東貿易督撫委官監視之欽此
十二年二月國王遣陪臣奉金葉表文入
貢表稱暹羅國王臣森烈柏朧照古龍柏
朧馮啍陸坤司由提呀菩埃誠惶誠忭稽

首頓首啟奏
大清皇帝陛下伏以
天生聖君嗣登寶位剛明果斷國治民安聲聞海
外澤及諸蕃卑國世荷
皇恩微 臣繼襲踐祚遠露
九重德化莫能瞻仰
天顏幸遇貢朔敢效輸款爰差正貢使臣握坤司
吞喇耶低邁禮二貢使臣握坤司殊嘰剌

耶西三貢使臣握坤押沠瓦耻通臣握坤
心物邁知理揭帝典辨事文司吶甲理嘩
等梯航渡海齎捧金葉表文方物譯書前
至廣有差官伴送
京師朝貢進獻代伸拜舞之誠恪盡遠臣之
職恭祝
皇圖永固
帝壽遐昌伏冀

俯垂鑒納虔存懷遠之義微臣遵
旨用陳明季舊領敕銀印畀國以憑進京朝貢前
因宮殿火燬燼無存今進京朝貢無可為
憑微臣以表文內不敢瑣瀆委握耶大庫
具文呈部転奏
聖旨特賜勅銀印以便進京奉貢康熙九年三月
內貢使回國禮部奉
旨咨文到暹羅內開使臣具表題請伏望

聖恩頒賜敕印以光屬國庶朝貢有憑按古例貢
船三隻到廣貢使捧表進
京朝貢其船還辦國需隨汛回國庶臣早知
聖體興隆於次年再至廣省迎接
聖敕回國伏乞
俞旨賜依古例特
敕禮部行文廣省各衙門遵照施行微臣不勝瞻
天仰

聖懽忭踴躍之至謹具表朝貢以
聞後開貢物
皇帝方物金葉表文一道譯字表文一道龍亭一
座安奉金葉表文馴象一隻孔雀四隻大足龜四
隻龍涎香一觔盌石一觔沉水香二觔犀
角大座速香三百觔象牙三百觔安息香
三百觔白荳蔻三百觔籐黃三百觔胡椒
三百觔大楓子三百觔烏木三百觔蘇木

三千觔胡椒花一百觔紫梗二百觔樹皮香一百觔樹膠香一百觔翠鳥毛六百張孔雀尾十屏兒茶一百觔鮫綃布六匹雜花色大布六匹複天四條紅布十匹紅撒哈喇布六匹印字花布十匹西洋布十匹大冰片一觔中冰片二觔片油二十瓢樟腦一百觔黃檀香一百觔薔薇露六十礶硫黄一百觔

皇后方物一樣減半內止馴象少奉
聖諭暹羅國航海遠來抒誠進貢其蟲蛀短少等
物免令補進嗣後各國皆照此例欽此四月
冊封暹羅國王
領鍍金駝紐銀印
賜誥命令使臣齎回
誥曰來王來享要荒昭事大之誠委王悉國國家
著柔遠之義朕纘承鴻緒期德教暨於遐陬誕

撫多方俾屏翰於康乂羲育昊在澳號宜頒
爾暹羅國森烈拍臘照古龍拍臘馬嚕陸坤司
由提呀菩埃秉志忠誠服躬禮義既傾心以向
化乃航海而請封礪山帶河克荷維藩之寄制
節謹度無忝執玉之心念爾悃忱朕甚嘉焉今
封爾為暹羅國王賜之誥命爾其益矢忠貞廣
宣聲教膺茲寵賚乃封圻於屢保民社而王
纂休聲於舊服毋共球之職懋嘉績於候封爾

卷一　二十八

其欽哉無替朕命
貢使事畢禮部堂官司員朝服在
午門前恭設几案鴻臚寺官引貢使等行三
跪九叩首禮才跪領
誥印移咨該國王令王出城恭迎
誥印
二十三年國王遣正使王大統副使坤字
述列瓦提從人三十名具金葉文人貢奉

旨覽王奏航海遠來進貢方物具見悃誠可嘉知
道了餘著議奏欽此又奉
聖諭暹羅國進貢員役因國有不能乘馬者官給
夫轎從人給昇夫欽此
是年國王附奏言貢船到虎跳門地方官
阻滯日久迨進至河下又將貨物入店封
銷候部文到時方准貿易每至毀壞氣
敕諭廣省嗣後貢船到虎跳門具報之後即於入

卷一　二十

河下俾貨物早得登岸貿易又本國採辦
器用乞
諭地方給照置辦下部議尋經議准應如該國王
所請行
又奏准暹羅國照例頒賞其韈指折絹
又覆准貢使回國除護送來京官外特差
本部司官筆帖式各一人伴送
二十四年題准暹羅國王原

賞緞三十四今加十六共表裏五十
四十七年國王森烈柏臘照古龍柏臘馬
嘑陸坤司由提呀菩埃遣陪臣恭進金葉
表文進到貢物外加進貢物九件其副貢
船被風漂至安南地面續到粵東省仍差
官伴送至京進馴象二隻外添進金絲猴
二隻
賜國王王妃及貢使均照二十四年議定之例其

卷一　三十一

副貢人員等照從人賞例綢各二布各七
廣東伴送經歷亦照例賞彭緞袍一領
又覆准暹羅國進貢船壓艙貨物如願在
廣東地方貿易照例免其收稅
五十九年國王遣陪臣蔡奉金葉表文財
以金桶裹以錦袱上飾金珠三金圈七盒
三重内盒飾螺鈿外盒飾金紫梗牌二入
貢馴犀二隻又貢使呈稱國王命加貢西

洋金緞二疋大西洋閃宋錦一疋

六十一年四月國王遣使恭進金葉表文

并貢物外獻金筒一螺鈿盒一貼金盒一

金珠三金圈七錦袱二紫梗牌一剅牮一

又貢使呈稱奉國王命加貢大西洋金緞

二大西洋閃宋錦一俱交總管內務府奉

旨覽王奏傾心向化遣使航海遠來進貢方物具

見悃誠歷久彌篤深為可嘉欽此

又議准暹羅國入貢照安南國例加
賜國王緞八紗四羅八織金緞紗羅各二王妃緞
織金緞紗織金紗羅織金羅各二貢使四
人每人加緞羅織金羅絹各一裏一通事
四人二人加緞羅絹各一裏一二人加緞
羅絹各一從人二十一名加絹布各一
又覆准暹羅國奏稱彼國有二紅皮船前
因禁洋被留今廣東督撫查明交貢使帶

回其在廣駕船水手人等係内地者各撥
原籍安插係暹羅夷人令隨船回國
又奏准貢使回國遣禮部漢司官一人伴
送
又覆准暹羅國進貢後補進零件貢使係
微員比具表進貢之使酌減
賞緞六羅三織金羅二絹三裏二布一遍事緞三
羅三絹二從人四名絹各二疋各六件送

卷一 三十三

驛丞

賞彭緞袍一領奉

旨朕聞暹羅國米甚豐足價亦甚賤若於福建廣

東寧波三處各運米十萬石來此貿易於地方

有益此三十萬石米係爲公前來不必收稅禮

部聞暹羅使人定議具奏欽此遵

旨會問來使據稱該國米用內地斗量每石價值

二三錢今議定載米到時每石給價五錢

除爲公運三十萬石不收稅外其帶來米
糧貨物任從貿易照例收稅

粤道貢國說卷之一終

粵道貢國說卷二

澄海縣訓導臣梁廷枏謹編

暹羅國二

雍正二年十月二十八日廣東巡撫年希堯題報暹羅國運米并進穀種等項奉

上諭暹羅國欽遵

聖祖仁皇帝諭旨不憚險遠進獻穀種果樹及洋鹿獵犬等物最爲恭順殊屬可嘉作何獎賞著

定議具奏所奏穀種鹿犬已經差官送京各種
果樹俟來歲春和另行委解知道了運來米石
令地方官照粵省現在時價速行發賣不許行
戶任意低昂所奏每米一石定價五錢則賤買
貴賣甚非朕體恤小國之意著行文浙閩此次
已到之米與該國現經發運續到者皆照粵省
一體遵行嗣後且令暫停俟有需米之處候朕
降旨遵行其壓船隨帶貨物本當照例徵税但

該國王既能輸誠向化冒險遠來此次應輸稅
銀著一槩免徵來船梢目徐寬等九十六名雖
係廣東福建江西等省人民然住居該國歷經
數代各有親屬妻子實難勒令遷歸著照所請
免令徐寬等回籍仍在該國居住以示寬大之
典欽此
御前貢物龍涎香一觔銀盒裝西洋閃金花緞六
疋象牙三百觔胡椒三百觔荳蔻三百觔

卷二

藤黄三百觔蘇木三千觔速香三百觔烏
木三百觔大楓子三百觔金銀香三百觔
皇后前貢物並同數目減半
又議准暹羅國入貢康熙六十一年加
賜之例船長照通事例番梢照從人例加賞緞羅
絹布有差其船長雖非貢使可比但載運
米糧向化遠來於原賞布十疋外再各加
賞十疋又

特賜國王各色緞二十松花石硯玉器瓷器琺瑯
器等物差司官齎賞物一併送至廣東交
與該撫付船長領回
四年覆准暹羅國前經奉
旨暫停運米所差探貢二船攜帶有米石貨物伊等
由該國起行尚在未奉
旨之先既已涉險遠來聽其就近發買俟風訊回
國

卷二 三

六年禮部議覆福建巡撫常賚疏言暹羅
國王誠心嚮化遣該國商人運載米石貨
物直達廈門請聽其在廈發賣照例征稅
委員監督嗣後暹羅運米商船來福建廣
東浙江者請照此一體遵行應如該撫所
請奉
旨依議米穀不必上稅著為例欽此
七年六月該國載米船艘因風飄泊其撈

回歷船貨物並免其征稅
七月國王遣陪臣朗微述申鹜呼等齎金
葉表文貯以金箭錦囊與康熙五十九年
同入貢
御前方物馴象龍涎香幼鑠石冰片沉香犀角孔
雀尾翠鳥皮象牙速香安息香紫降香荳
蔻藤黃胡椒大楓子烏木蓽撥紫梗桂皮
兒茶皮樟腦硫黃檀香樹膠香織金頭白

卷二 四

袈裟桃紅袈裟幼花布闊幼花布織金頭
白幼布闊紅布花布幔大荷蘭氈冰片油
薔薇露
皇后前方物不進象餘物減半又加貢寶劍倭劍
金地交枝柳條板帶奉
旨暹羅國王遣使齎來貢獻方物具見悃誠朕念
該國遠隔海洋齎送不易欲酌量裁減以示恩
卹遠藩之意但此次貢物既齎送前來難以帶

回著照往例收納其常貢內有速香安息香袈
裟布疋等十件無必須用之處嗣後將此十件
免其入貢永著爲例欽此遵
旨議定免貢速香安息香胡椒紫梗紅白袈裟白
幼布幼花布闊幼花布花布幔等物
皇后前照此免貢
又奏請
召見貢使奉

卷二 五

旨著大貢使於同來貢使內選一人令二人進見
時貢使呈稱
京師爲萬國所景仰國王意欲令伊等觀光
上國遍覽名勝回述以廣見聞奉
旨不必禁止著賢能司官帶領行走仍賞銀一千
兩若所喜物件聽其購買欽此又呈稱奉國王
命本國所產馬匹甚小久慕
天朝所產馬駝驘驢之高大請各買三四匹回

國奉
旨著照所請准其購買所買價值著內庫支給欽
此照康熙六十年加賞例
賜國王緞羅各十有八紗十有二錦緞織金緞羅
紗各八王妃緞羅紗各六織金緞紗羅各
四來使四人每人各緞八羅絹五織金羅
三裏二布一通事各緞羅五絹三從人各
絹三布八

卷二　六

特賜國王
御書天南樂國四字內庫緞二十玉器八件琺瑯
器一件松花石硯二方玻璃器二種共八
件瓷器十四種共百四十六件貢使內造
緞八銀百兩
又十一月三十日奉
上諭暹羅國遠隔重洋輸誠向化甚順修職歷有
年所其所請採買物件著行令該撫採買賞給

以示朕嘉惠遠人之意欽此
乾隆元年六月國王森烈拍照廣拍馬嘑
陸坤司由提呀菩埃以嗣立故遣陪臣朗
三立哇提等齎表及方物例貢象一隻因
航海故增一以備又加進金緞二匹花幔
一條並咨禮部言往時
欽賜蟒龍大袍藏承
恩亭上歷世久遠難保無虞懇再邀

恩賜一二襲經據情代奏奉
旨暹羅遠處海洋抒誠納貢除照定例給賞外可
特賞蟒緞四匹欽此禮部奏稱暹羅服丕雅大
庫呈稱伊國造福送寺需用銅斤奉禁之
後無從採辦懇請准其赴粵採買查銅斤
關係鼓鑄禁止出洋定例已久今若准其
採買恐日後奸商藉此爲由越境滋弊應
毋庸議奉

旨暹羅遠處海洋抒誠納款採買銅斤一項該國
王稱係造福送寺之用部議照例禁止不許令
其採買固是今特加恩賞給八百觔後不為例
欽此
又議奏暹羅國陪臣朗王之哇提等四人
八貢來京或
召見大貢使一人或二人或四人或令其選一人同大貢
使之進

卷二 八

見或停其進
見之處請
旨遵行奉
上旨皆令進見
又奏朝鮮國來使
召見
賜坐
賜茶原問其該國王族人稱君者與我

國內大臣位次不甚相懸故相待如此之優
至琉球安南暹羅等國差來陪臣若係該
國王兄弟世子來朝自應如朝鮮之例若
尋常貢使乃伊國陪臣與內大臣相去懸
遠其儀注似不宜照朝鮮國稱君來使之
例今暹羅國貢使朗三哇提等
召見之日
皇帝御乾清宮

升寶座應入班之內大臣侍衛等照例排班序立
禮部堂官引來使隨帶通事一人由
乾清門西門入於丹墀西邊行三跪九叩禮
畢禮部堂官由西階引至
乾清宮中門外跪通事在來使西邊稍後跪
皇帝慰問畢引出候
旨賜茶或賜飯畢引至
午門外謝

恩其議政大臣等會集
賜坐
賜茶之處似應停止嗣後琉球安南等國來使皆
照此例遵行奉
上旨所奏是此次仍照
世宗憲皇帝召見例行欽此
七年福州將軍兼管閩海關事務新柱奏
本年七月內有暹羅國商人方永利一船
卷二 十

載米四千三百零又藥文洪一船載米三
千八百石並帶有蘇木鉛錫等貨先後進
口查該番船所載米石皆不足五千之數
所有船貨稅銀未便援例寬免得
旨該番等航海運米遠來慕義可嘉雖運米不足
五千之數著免船貨稅銀十分之三以示優恤
欽此八年奉
聖諭上年九月間暹羅商人運米至閩朕曾降旨

免徵貨船稅銀聞今歲仍復帶米來閩貿易似
此源源而來其加恩之處自當著為常例著自
乾隆八年為始嗣後凡遇外洋貨船來閩粵等
省貿易帶米萬石以上者著免其船貨稅銀十
分之五帶米五千石以上者免其十分之三其
米聽照市價公平發糶若民間米多不需糶買
即著官為收買以補常社等倉或散給沿海各
標營兵糧之用俾外洋商人得沾實惠不致有

卷四 十二

糶賣之艱該部即行文該督撫將軍並宣諭該
國王知之
十三年八貢方物外附洋船貢黑熊一隻
鬪雞十二隻太和雞十六隻金絲白肚猿
一隻
十四年國王遣陪臣朗呵派提等齎奏金
葉表文八貢
御前方物象二龍涎香一觔犀角六沉香二觔土

璇石十一兩二錢象牙紫降香大楓子荳
蔻籐黃烏木各三百觔胡椒花桂皮榼樸
茴舌皮樟腦檀香硫黃各百觔蘇木三千
觔上冰片一觔冰片二觔冰片油二十瓢
翠毛六百副孔雀尾十屏紅布幔十疋荷
蘭氈二塊

皇后前不貢象餘物各減半又附洋船貢到黑熊、
鬬雞金絲猿令其進獻

又奏准暹羅國使臣朗呵派提等奉表來
京叅遇
聖駕巡幸於
啟鑾之日禮部滿堂官引來使等四人並通事一
人至
圓明園宮門外於
聖駕啟鑾之先行三跪九叩禮
恩賞該國王物件於

宮門前賞給隨輦至王公百官送
駕排班之末跪候瞻仰如蒙
慰問來使跪聆畢禮部堂官領回
又是年照康熙六十一年加
賜之例
特賜國王
御書炎服屏藩四字蟒緞片金緞粧緞閃緞各二
錦緞四各色緞八玉器六瑪瑙器二琺瑯

卷二 廿三

爐餅一副松花石硯二方玻璃器五種共
十件瓷器二十三種共百四十六件又因
續進黑熊白猿等物
特賞國王庫緞十二疋
十六年奉
聖諭朕閱藩臬摺內稱本年六月內收入廈口
暹羅商船一隻買回米四千石等語閩浙各處
現在需米孔殷若官為辦理豈不於民食更有

裨益但處官辦或致外人多疑或聞內地官為
購覓即乘勢居奇多方掯勒必致價值日益昂
貴並使商船來往亦不能隨便攜帶著傳諭喀
爾吉善潘思榘令其會同酌量若無此處可於
暹羅等國產米之處官為購運或先行試買看
其嗣後可以源源接濟不致啟番人掯勒之弊
抑或應仍聽商人陸續運帶一一詳籌奏聞欽
此尋經總督喀爾吉善等奏稱該國地土廣不

過百餘里户口無幾每年餘米有無多[illegible]
並無一定官赴採買番情趨利如騖難免
居奇昂價急官爲購運止宜聽商自行買
運尚可資其緩未便舉行得
旨俞允
十八年奏准暹羅國使臣郎摃吞汎沛等
奉表來京恭遇
駕幸南苑已令使臣道旁瞻仰應照例停其

召見

是年喀爾吉善奏暹羅地方近年雖有商
船帶同米石於民食不無補濟但欲採買
補倉務須委員領帑前往買運若向商船
招買過洋之米止可隨到隨糶不能日久
貯倉今復加籌酌與其官買補倉不如仍
聽商販帶運隨其多寡皆足有濟民食奉
旨允行其年二月八貢方物加進西洋金花緞番

卷二　十五

袍金花緞夾褲各一條西洋金緞帶三條
並懇
賜人蔘纓牛良馬象牙及通微規儀內監部議不
可並請飭使臣於歸國後曉諭國王恪守
規制益勵敬恭得
旨方物照例收受其筵宴賞賚著加恩照上次例
行
加賜人蔘四觔錦緞共二十疋及玉器瑪瑙器琺

瑯器玻璃器磁器銅暖硯
二十二年入貢
特賜國王蟒緞錦緞各二疋閃緞片金緞各一疋
八絲緞四疋玉器瑪瑙各一件松花石硯
二方琺瑯器十有三件瓷器百有四件
二十六年議准暹羅國貢船在粵遭風飄
失龍涎香桂皮荳蔻兒茶皮樹膠香五件
免議

二十七年議准暹羅國上年貢物沉溺免
其補進復遣探貢船呈請代謝
天恩所有餘艙貨物因多霉濕准其先行發賣免
徵税銀
特賜國王物件與二十二年同
三十一年國王森烈拍照廣勅馬嘑陸坤
司由提雅普埃遣陪臣奉金葉表文入貢
御前方物馴象犀角沉香上冰片中冰片降眞香

大楓子藤黃烏木象牙荳蔻土璇石蘇木
樟腦檀香硫黃蓽撥兒茶皮樹膠香土桂
皮翠毛孔雀尾龍涎香冰片油紅布幔荷
蘭氈凡二十六種
中宮前不貢象餘物減半
特賜國王物件與二十七年同適因該國爲鄰番
所被經兩廣總督奏明請原
頒賞賜繳還

卷二　十七

謹按鄭番為花肚番即緬甸也
四十六年正月暹羅國長鄭昭遣使朗丕
彩悉呢霞握撫突等二人入貢並奏稱自
遭緬匪侵陵雖復土報仇紹裔無人茲群
吏推昭為長遵例貢獻方物奉
旨國長遣使航海遠來具見悃忱該部知道原表
並發欽此
賜宴使臣於

山高水長所貢之物

賞收象一隻犀角一擔其象牙洋錫膝黃胡椒蘇

木准其在廣省自行變價併壓艙貨物一

體免稅

特賞國長蟒緞錦緞閃緞片金八絲緞玉器瑪瑙

器琺瑯器瓷器松花石硯

是年入貢暹羅國長鄭昭恭進例貢外加

進馴象犀角象牙洋錫膝黃胡椒六種奉

卷二 十八

旨據暹羅國長鄭昭豫備正貢一分具表懇請
代奏并備象牙犀角洋錫等物以爲副貢等語
該國長輸誠納貢備具方物所有正貢一分自
應照例送京收納至所備副貢若概令齎回致
勞往返轉非所以體卹遠人著於副貢内祇收
象牙犀角二項同正貢一併送京交禮部於照
例賞給之外查例加賞以示厚往薄來之意其
餘所備貢物准其在廣省自行覓商變價併將

伊等壓艙貨物均一體免其納稅 欽此・
　五十年暹羅國長鄭華遣使奉金葉表文
入貢
御前方物龍涎香金鋼鑽沉香冰片犀角孔雀尾
　翠皮西洋氈西洋紅布象牙樟腦降真香
　白膠香大楓子烏木白荳蔻蓽撥檀香甘
　蜜皮桂皮藤黄蘇木馴象二
中宮前方物不貢象餘物減半奉

旨覽國長奏繼嗣父業恪承先志遣使航海遠來
進貢方物誠悃可嘉知道了該部知道欽此
又正月初二日
紫光閣筵燕賞暹羅正使錦緞四疋絨緞二
疋各樣花緞十疋荷包大小十個二使三
使四使錦緞各二疋花緞各六疋荷包大
小各六個
謹案此次

紫光閣筵燕賞暹羅正副使與五十二年悉

同

五十一年奉

聖諭據穆騰額奏稱暹羅國每年正副貢船到關

其隨帶之船至十餘隻之多又有藉名探貢船

隻俱屬內地商船所帶貨物甚多該監督查明

應征稅銀若干報明該督撫具題概行寬免殊

非杜弊防奸之道請將正副貢船各一隻照例

卷七　二十

免其納税其餘船隻俱按貨征税等請暹羅國
修職輸誠遣使呈進方物其正副貢船自應免
其征納税銀豈容內地商船藉名影射並圖免
税此等商船到關時該監督原可逐船覆勘除
貢物之外若有私帶船隻無難一望而知自應
按貨征税該監督即當商之督撫分別辦理何
得概予具題邀免此係該督撫監督等分內應
辦之事何必形之章奏候朕降旨始奉行耶除

就近傳知穆騰額遵辦外著傳諭富勒渾孫士
毅於該國貢船到關所有正副貢船各一隻仍
照例具題免税其餘若果查係夾帶客商私船
俱逐一查明按貨納税以杜奸商取巧通同舞
混之計將此傳諭知之欽此

五十二年八月

賜宴紫光閣

賚正副使有差

五十三年該國長遣使入謝

五十四年正月初五日

紫光閣筵燕賞暹羅正使錦漳絨各三疋小卷八絲緞五絲緞各五疋大荷包一對小荷包四對賞副使錦漳絨各一疋小卷八絲緞五絲緞各三疋大荷包一對小荷包二對

五十五年暹羅國王具表遣陪臣進貢並

因慶祝
萬壽加進壽燭沉香紫膠香冰片燕窩犀角象牙
通大海哆囉呢九種奉
上諭據奏暹羅國王遣使進貢祝釐於七月十一
日正貢船甫到副貢船尚未抵粵等語該國王
情殷祝嘏恭進方物閱其表文歡欣踴躍具見
悃忱但現届八月初旬該國貢使抵粵較遲就
未能如期到京隨班慶祝自毋庸即令趲緊行

卷二　二十二

並著該國前後抵粵貢使人等俱酌量令其
緩程行走於年底到京隨入燕賚以示朕體恤
遠人至意欽此

加

賜暹羅國王
御筆福字一玉如意一玉器二瓷器玻璃器八福
字方百幅綃箋四卷硯二方筆三匣墨三匣
雕漆盤四

五十六年八貢正月初九日
紫光閣筵燕賞暹羅正使一員大卷緞大卷
宮綢各四疋大荷包一對小荷包三對副
使一員大卷緞大卷宮綢各三疋大荷包
一對小荷包二對又
特賜正副使八絲緞各一疋筆墨各一匣箋紙各
一卷
六十年八貢方物龍涎香沉香檀香白膠

卷二　二十三

香降眞香金鋼鑽冰片樟腦孔雀尾犀角
象牙西洋氊西洋紅布翠鳥皮甘蜜皮桂
皮蓽撥大楓子荳蔻藤黃烏木蘇木恭進
皇宮方物其數減半除夕
賜燕保和殿
嘉慶元年恭進
太上皇帝
仁宗睿皇帝漢番字金葉表文並方物正月初四

日舉行千叟燕暹羅使臣在
寧壽宮入燕
特賜正使
聖製千叟燕詩一章玉如意壽杖各一錦緞洋花
緞雲緞大卷緞各二福字箋一卷絹箋二
卷湖筆二十枝硃墨十錠硯一鼻煙一瓶
鼻煙盒瓷牙籤筒洋漆茶盤各一福使錦
緞洋花緞各一絹箋一卷湖筆十枝硃墨

四錠餘賞與正使同

又燕於

紫光閣

正大光明殿

山高水長

加賞有差

其年又遣使齎金葉表文慶賀

太上皇帝歸政恭進龍涎香上冰片中冰片沉香

金鋼鑽孔雀屏犀角象牙荷蘭毯紅毛氈
布翠鳥皮白檀香白膠香樟腦甘蜜皮桂
皮蓽撥降眞香大楓子白荳蔻籐黃烏木
蘇木凡二十四種恭進
皇宮前貢物減半又慶賀
仁宗睿皇帝登極並進
皇后貢物均與慶賀
歸政貢同

二年正月初十日
紫光閣筵燕
特賞暹羅使臣與元年同
三年使臣在京
召八
重華宫筵燕賞正副使荷包牙茶鼻煙壺火
鐮玻璃桃榴橘等物
四年入貢

賜宴如例

五年國王遣使齎祭文儀物恭詣

高宗純皇帝前進香並進獻方物經廣東巡撫遞

旨令該使臣毋庸進京所有呈獻儀物方物令齎

回欽此

六年入貢

賞使臣羊裘纓帽奉

聖諭暹羅國第二貢使帕窩們孫哞哆呵以突在

卷二　二十六

廣州南海地方患病身故情殊可憫現已飭地
方官妥爲照料著加恩再賞銀三百兩遇有該
國使船即令先行帶回將銀兩給伊家屬不必
等候此次貢船回國轉致稽緩嗣後如遇有此
等外國使臣在内地身故之事著照此例辦理
欽此

七年正月十二日賞暹羅正副使與二年

同

八年十二月二十八日賞暹羅使臣四員
從人十九名衣帽鞾襪均與六年同通事
二員與賞貢使同二十九日
重華宮筵宴
特賞三貢使四貢使各磁盤一件玻璃器二件小
荷一對茶葉一瓶磁器一件
九年入
重華宮筵宴

加賞使臣通事有差

十年正月初十日

特賞暹羅大貢使錦三疋漳絨三疋大卷八絲緞四疋小卷五絲緞四疋大荷包一對小荷包四對二貢使錦二疋漳絨二疋大卷八絲緞三疋小卷五絲緞三疋大荷包一對小荷包四對三貢使四貢使各錦二疋漳絨二疋大卷八絲緞三疋小卷五絲緞三

疋大荷包一對小荷包二對
十年十二月二十九日暹羅貢使於
重華宮入燕加賞貢使玻璃瓶二個玻璃鼻
煙壺一個瓷帶鈎一個茶葉二瓶橘子一
盤荷包二對二貢使三貢使四貢使各玻
璃椀二個荷包一對餘俱正貢使同
十二年暹羅使貢於
重華宮入燕加賞二貢使四貢使各玻璃椀

卷二 二十八

一對玻璃鼻煙壺一個瓷帶鉤一個茶葉
二瓶福橘五個瓷碟一個荷包一對副通
事一員荷包一對
九月奉
聖諭外洋諸國夷人自置貨船來廣貿易自應專
差夷目親身管駕不得令內地商人代為販運
今金協順陳登發皆以內地客商領駕暹羅國
船隻載貨販賣雖詢明委係該國王所遣並無

假冒揑飾及夾帶違禁貨物俱該國王何以遽
肯造舡交伊等管帶倘節不無可疑且恐日久
相沿必致奸徒潛往外夷賒欠誆騙或竟冒爲
夷貨代爲銷贓不可不防其漸吳熊光請敕下
禮部於該國貢使致京時傳知飭禁恐該貢使
回國傳述未能詳切現已另降敕諭申明内外
體制所有金協順等舡二隻既已駛至内地姑
准其起貨納税另置新貨給照回帆自此次飭

卷二　二十九

禁之後如再有代駕夷船進口即查明懲辦欽
此又
敕諭暹羅國王鄭華嘉慶十二年九月據兩廣總
督吳熊光奏稱有船商金協順陳澄發裝載暹
羅國貨物來粵貿易並請於起貨後裝載粵省
貨物回赴暹羅經地方官查明金協順係福建
同安縣人陳澄發係廣東澄海縣人飭傳暹羅
國貢使丕雅史滑遝詢問據稱金協順陳澄發

二船委係由該國新遣來粵因該國民人不許營運是以多倩福潮船戶代駕並非冒捏呈遞譯書稟結等情天朝綏懷落服准令外域民人赴內地懋遷貨物惠逮遠人恩至渥也惟是中外之限申畫釐然設關譏禁古有明訓我朝撫御諸邦如朝鮮越南琉球等國各以本地物産來中土貿易皆係其本國民人附朝貢之便齎帶前來從未有中國之人代被經紀者今金協

卷二　三十

順陳澄發以閩廣商民代暹羅營運即屬違禁
中土良民謹守法度斷不敢越例牟利其私涉
外域者此中良莠不齊設將販運貨物隱匿拖
欠致啟訟端亦於該國諸多未便本應將金協
順等飭法治罪念其船隻係由該國製造給令
代駕從前未經嚴立科條此次且從寬免究並
施恩准其起貨售兌仍給照令其置貨回帆特
降敕諭知該國 王宜明例禁嗣後該國 王如有

自置貨船務用本國人管駕專差官自帶領同
來以為信驗不得再交中國民人營運若經此
次敕禁之後仍有私交內地商民冒託往來者
經關津官吏人等查出除不准進口起貨外仍
將該奸商治罪該國王亦難辭違例之咎柔遠
能邇覺既往以示含宏之義宅中馭外申明禁
以嚴踰越之防爾國王其凜遵毋忽特諭
十三年暹羅貢使入蒙古包燕加賞大貢

卷二 三十七

使與乾隆六十年朝鮮正使同二貢使三
貢使四貢使與朝鮮副使同
十四年暹羅國遣使祝
嘏進貢壽燭十對金綱鑽一觔冰片二觔燕窩十
觔沉香二十觔犀角二十觔孔雀尾五十
翡翠鳥皮五百張檀香一百觔降眞香一
百觔砂仁米一百觔紫梗一百觔象牙二
百觔荳蔻二百觔胡椒二百觔籐黃二百

敕荷蘭氈二領
加賞正副使筵宴
重華宮如儀其國王表請倩催內商駕舩奉
旨准奉文給還夷目帶回欽此
暹羅國世子鄭佛遣使進貢請
封在洋遭風沉失貢物九種奉
聖諭據百齡等奏暹羅國齎貢使臣抵粵一摺該
國貢船在香山縣屬荷包外洋陡遇颶風擊壞

八二
五十二

沉失貢物此實人力難施並非使臣不能小心
防護其沉失貢物不必另行備進用昭體䘏所
有鄭佛懇請勅封之處著該衙門照例查辦俟
該使臣回國即令領齎欽此

十月初一日暹羅貢使於
重華宮八燕加賞正使一員洋瓷帶鈎一個
玻璃鼻煙壺一個玻璃椀一對紅橘一碟
茶葉一瓶荷包二對副使一員荷包一對

餘與正使同

十五年

封世子鄭佛為國王照例給與

誥命銀印交該國使臣祗領恭齎回國

正月初十日暹羅貢使入蒙古包燕加賞

正副使均與乾隆六十年朝鮮正副使同

十六年正月初四日暹羅貢使於

紫光閣入燕加賞正副貢使四員均與乾隆

六十年朝鮮正副使同

十七年十二月暹羅國進貢方物貢使於

重華宮八燕加賞正副使二員各玻璃瓶一

對茶鍾一個玻璃鼻煙壺一個茶葉二瓶

大荷包二對

十八年十二月奉

聖諭前據蔣攸銛奏暹羅國正貢船隻在洋失火

所載貢使人役及表文方物等件俱無下落僅

有副貢船抵粵當經降旨將該國副貢使及所
存貢品十種派員送京無庸補備正貢今又據
蔣攸銛奏該副使嚩拔察嚩丕汶知突因在海
船感冒風寒又聞正貢船失火焚燒致受驚恐
現在患病難以起程請俟醫治痊愈再行護送
入都等語該副貢使患病受驚正需調理長途
跋涉甚非所宜現已届年節不必再令進京著
加恩令將所存貢品十種就近交貯粵省藩庫

由該督委員解京其副貢使令在粵休息妥爲
調治該國王孖恍納書賁其正副貢使適因事故
不能到京而航海申虔即與齎貢呈無異所有例
賞該國王及貢使人役物件著禮部查明奏聞
將賞件交該督轉行頒給該副貢使令其於
病痊之日齎領回國並將此旨傳知該國王以
示懷柔遠人之意欽此禮部遵
旨將例

賞物件併
敕書交兵部發交兩廣總督領給
十九年該國遣使補貢正貢舡遭風漂至
越南副使在粵患病該國王聞遭風之信
復補備貢物遣使來京
賜宴紫光閣
賞正副使有差
二十年九月奉

聖諭蔣攸銛等奏暹羅國王聞上年貢船被風損
壞復備副貢船遣使補備方物到粵一摺暹羅
國所進嘉慶十八年正貢船在洋焚燒其副貢
船所齎貢品業經進呈十九年該國王敬補方
物分裝正副船入貢適遇颶風漂散現在正副
船已先後收泊其表文方物由該貢使齎送赴
京該國王因聞貢船遭風之信復備補貢方物
來粵具恭順實屬可嘉該國向係三年一貢明

年又屆入貢之期著加恩即將此次齎到方物
作為嘉慶二十一年例貢交粵省藩庫存貯俟
明年委員解京其使臣巧鑾紋是通事於粵著
俟本年進京各貢使旋粵時一體筵宴俾令回
國並傳知該國王明年無庸另備表文方物航
海遠來以示懷柔至意欽此貢使到京入
同樂園聽戲
賞正副貢使有差國王復表請用內地水手駕駛

卷二　三十六

船隻經禮部奏奉
旨依議欽此
二十四年副使至京進
萬壽貢大壽燭五對小壽燭五對冰片二兩金鋼
鑽一觔沉香二十觔燕窩十觔犀角二十
觔檀香一百觔荷蘭毯二領降眞香一百
觔荳蔻二百觔砂仁二百觔胡椒二百觔
翠鳥皮五百張孔雀尾五十屏象牙三百

觔擡黄二百觔柴梗二百觔又貢方物如
例
加賞副使玉如意、仙果、獻瑞花、普洱茶膏、人葠膏
蜜餞荔支、哈蜜瓜
賜宴正大光明殿入
同樂園聽戲
道光二年遣使入貢方物如例
三年遣使恭進

卷三　　三十七

萬壽貢
賞賜有差
七年九年並入貢方物如例
十年恭進
萬壽貢
十一年十四年十七年並入貢方物如例
十九年三月奉
上諭向來暹羅三年一貢著著改為四年遣使朝

貢一次用示朕綏懷藩服之至意
暹羅國入貢儀注事例
貢使人等到省委員備辦牛酒米麵筵席
等項俟起貯表文方物後前赴艙賞
起貨通事舡主先期將壓艙貨物呈報廣
州府轉報委員查明其貨物數目開兩冊
賫同表文方物由司詳候督撫會疏題報
俟題允日招商發賣其應納貨餉候奉部

卷二　三十八

行分別免征
貢使入京通事將起程日期具報廣州府
轉報布政司移會按察司領發兵部勘合
一道驛傳道路牌一張並請院憲委護送
官三員隨同伴送將上京貢使人員廪給
口糧夫船數目填註勘合內經過沿途州
縣按日辦應其在省看守貢舩人等以奉
旨准貢日移明糧道每名每日支米八合三勺

貢使入京伴送官文職應委道府大員武
職應委參副大員並委丞倅一員隨往長
途護送進京外自省起程前抵韶州府例
委分巡廣州府之糧道護送彈壓自起
州府至南雄州度嶺委該管之南韶連道
護送彈壓出境仍飭各屬照例應付不准
絲毫濫應京旋之日一體照辦
貢使進京貢使通事先將起程日期報府

卷二　三十九

轉報預行取辦祭江豬隻吹手禮生應用
然後起程
貢使委員自京護送
勅書大典回廣船到河下迎請安奉懷遠驛館遵
奉筵宴一次等候風汛便日上舡回國
貢使京回廣州府即諭令各舡修葺候風
帆順便回國所買回國貨物除一切違禁
物件不許買帶外其應買貨物俱照定例

聽其貨回應委官一員監督盤運下船毋得遮禁夾帶并令護送該船出口俟其揚帆回報

會驗暹羅國貢物儀注

是日辰刻南番二縣委河泊所大使赴驛館護送貢物同貢使通事由西門進城至巡撫西轅門停放貢使在頭門外帳房站立候兩縣稟請巡撫開中門通事行禮護

卷二 四十

送貢物先由中門至大堂簷下擺列通事
復出在頭門外候兩縣委典央請各官穿
補褂掛朝珠至巡撫衙門通事引貢使打
躬迎接各官會齊陞座開門各官正座司
道各官傍坐通事帶領貢使由東角門封
進至大堂簷下行一跪三叩首禮賜坐賜
茶各官即起坐驗貢畢將貢物仍先從中
門送出西轅門通事引貢使由西角門出

至頭門外站立候送各官同將貢物點交
通事行商貢使同送回驛館貯頓
貢使貢畢回國在廣東省筵宴一次額支
銀一十七兩五錢又貢使船隻在省守候
梢目水手等每名日給口糧米八合三勺
於奉
旨准貢之日起支貢使回廣之日住支伴送之委
員自省赴京往回額給盤費銀五十兩均

卷二　四十一

於廣東存公銀內并地丁項下額支米內
動支
暹羅貢使伸匣沠拍紗來謁列貢船數次
上具言船爲烏頭夾板舵正貢船長九丈
九尺中廣二丈五尺三寸深一丈五尺四
寸頭廣八尺尾廣一丈四尺桅命打馬樹
大者長七丈五寸圍九尺次長五丈九尺
五寸圍七尺象船長八丈二尺四寸中廣

一丈八尺深一丈四尺頭濶四尺八寸尾濶一丈大大桅長六丈六尺圍五尺五寸次桅長五丈三尺八寸圍四尺正船座時食水七尺裝載食水一丈一尺五寸象船空時食水五尺裝載食水一丈二尺以康熙二十二年五月初二日發本國正船於閏六月二十日抵虎門象船於六月初十日自廣南外邏失風漂至厦門九月二十一

卷二　四十二

日始至虎門
謹案該國貢船大畧如此此見杜臻粵閩
巡視紀畧附刋之俾得其槩云

粵道貢國說卷二終

粵道貢國說卷三

澄海縣訓導臣梁廷枏謹編

荷蘭國

謹案荷蘭即明史外國傳所稱之和蘭又名紅毛番地在今歐羅巴洲即熱爾瑪尼紅夷在博爾都噶爾雅之東意大里亞之東北暎咭唎咈囒西之東乾隆五十九年

奉

旨噴囒國改寫荷蘭國明史云地近佛郎機其人
深目長鼻髮眉鬚皆赤足長尺二寸頎偉
倍常萬曆中福建商人歲給引往販大泥
呂宋及咬𠺕吧者和蘭人就諸國轉販未
敢窺中國也自佛郎機市香山據呂宋和
蘭聞而慕之二十九年駕大艦攜巨礮直
薄呂宋呂宋人力拒之則轉薄香山澳澳
中人數詰問言欲通貢市不敢為寇當事

難之稅使李道即召其酋入城遊處一月
不敢聞於朝乃遣還澳中人慮其登陸謹
防禦始引去駕二大艦直抵彭湖遂伐木
築舍爲久居計總兵施德政令都司沈有
容將兵往諭有容負膽智大聲論說酋乃
悔揚帆去然是時佛郎機橫海上紅毛與
爭雄復汎舟東來攻破美洛居國與佛郎
機分地而守後又侵奪臺灣地海上奸民

卷十二

闌出貨物與市崇禎中爲鄭芝龍所破不敢窺內地者數年十年駕四舶由虎跳門薄廣州聲言求市其酋招搖市上奸民視之若金穴蓋大姓有爲之主者當道鑒濠鏡事議驅斥或從中撓之會總督張鏡心初至力持不可乃遁去已爲奸民李葉榮所誘交通總兵陳謙爲居停出入事露葉榮下吏謙自請調用以避禍爲兵科凌義

渠等所劾坐逮訊其本國在西洋者去中
華絶遠華人未嘗至其所惟恃巨舟大礮
舟長三十丈廣六丈厚二尺餘樹五桅後
爲三層樓旁設小窗置銅礮桅下置二丈
巨鐵礮發之可洞裂石城震數十里世所
稱紅夷礮即其製也然以舟大難轉或遇
淺沙即不能動而其人又不善戰故往往
挫衄其桅後置照海鏡大經數尺能照數

百里其人悉奉天主教所産有金銀琥珀瑪瑙玻璃大鵝絨瑣服哆囉嗹其國遠在西南海

大清一統志云荷蘭國在西南海中亦曰紅夷俗稱紅毛國明萬曆三十二年佛郎機横海上紅毛與爭雄攻破美洛居國與佛郎機分地而守後因咖嚁吧假臺灣之地於日本築安平赤嵌二城倚夾板船爲援戰久

留不去又泊風櫃仔求互市海濱郡邑
爲戒嚴崇禎中爲鄭芝龍所破不敢窺内
地者數年
本朝順治初爲鄭成功攻安平城戰敗去
皇朝職貢圖云其人黑氈爲帽見人則挾之以
爲禮著錦繡絨衣握鞭佩劍夷婦青帕蒙
頭領圍珠右肩披巾縷敞衣露胸繫長裙
以朱革爲履土地有咖喇吧爲南洋之會

又析其名曰喘曰㖿咭唎

凡荷蘭入貢其貢使有正使副使或專以

正使一員其下爲從人凡入京者不得過

二十名其貢物大尚馬珊瑚珠照身鏡琥

珀丁香檀香冰片鳥鎗火石哆囉絨嗶嘰

緞織金氈自鳴鐘凡十三種皆無定數使

臣有自進方物者俱照例題明准其收受

其

頒賞賜該國王大蟒緞三疋粧緞三疋倭緞三
疋片金一疋閃緞五疋帽緞五疋藍花緞
五疋青花緞五疋藍素緞五疋衣素緞五
疋綾十四疋紡絲十四疋羅十疋絹二疋
銀三百兩正使大蟒緞二疋粧緞二疋倭
緞二疋帽緞一疋藍花緞四疋青花緞四
疋藍素緞三疋綾六疋紡絲六疋絹四疋
銀一百兩標官粧緞一疋藍花緞二疋青

卷三 五

花緞一疋藍素緞一疋紵絲二疋絹二疋
銀五十兩副使同庫官掌案官各緞一疋
藍花緞一疋青花緞一疋藍素緞一疋紵
絲一疋綾一疋紬一疋絹一疋銀四十兩
夷目官掌書記官同從人紬二疋絹二疋
銀十五兩通事及伴送官各彩緞袍一件所
賜國王物件禮部俱移內閣撰入
敕內交來使賫回

順治九年鄭成功寇鎮江敗歸謀取臺灣會荷蘭通事何斌逋夷負遁鹿耳門說成功以水師從鹿耳門乘漲入與荷蘭相持久克赤嵌城荷蘭戰敗棄臺灣十年使至廣東請貢兼請貿易巡撫具奏經部議駁十二年廣東巡撫奏荷蘭國遣使齎表文方物請貢經禮部議准該國從未入貢今重譯來朝誠

朝廷德化所致念其道路險遠准五年一貢
貢道由廣東入至海上貿易已經題明不
准在館交易照例嚴飭違禁等物該督撫
量差官員兵丁護送來京貢使不過百人
其到京人數不得過二十餘留住廣東候
進京人回一同還國仍令該督撫擇請曉
荷蘭言語三四人偕來奉
旨荷蘭國慕義輸誠航海修貢念其道路險遠者

八年一次來朝以示體恤遠人之意欽此使臣
進貢方物哆囉絨倭緞各二匹嗶嘰緞六
疋西洋布二十四疋琥珀十塊琥珀珠珊
瑚珠各二串鏡一面人物鏡四面自石畫
二面鍍金刀鑲銀刀各一把鳥鎗長鎗各
二桿玻璃杯雕花木盒石山匣各二個纓
帽一頂皮小狗二個花鸚哥一個四樣酒
十二瓶薔薇露二十壺奉

旨賞伴送官巡海道鑲領蟒袍一件護送兵丁緞
袍一件貢使歸國特降
敕諭賜其國王曰惟爾荷蘭國墨投爲也甲必丹
物馬綏掘僻在西陲海洋險遠歷代以來聲教
不及乃能緬懷德化效慕尊親擇爾貢使杯突
高嚎惹諾皆色等赴闕來朝虔修職貢地逾萬
里懷忠抱義朕甚嘉之用是優加錫賚大蟒緞
二疋倭緞二疋閃緞四疋藍花緞四疋青花緞

四疋藍素緞四疋帽緞四疋衣素緞四疋綾十
疋紡絲十疋羅十疋銀三百兩以報孚忱至所
請朝貢出入貿易有無雖灌輸貨貝利益商民
但念道里悠長風波險阻舟車跋涉閱歷星霜
勞勩可憫若朝貢頻數猥煩多人朕皆不忍著
八年一次來朝員役不過百人止令二十人到
京所攜貨物在館交易不得於廣東海上私自
貨賣爾其體朕懷保之仁恪恭藩服慎乃常賦

卷三 八

祗承寵命
十三年荷蘭貢使嗶嚦哦哾嘟哈哇嚱等
到京貢鑲金鐵甲一副鑲金馬鞍一副鑲
金刀鑲銀劍各六把鳥銃十三口鑲金鳥
銃四口短銃七口細銃二口銃藥袋三個
玻璃鏡四面鑲銀手一鏡八角大鏡各一
面琥珀五十觔珊瑚珠琥珀珠各二觔珊
瑚樹二十枝哆囉絨五疋嗶嘰緞四疋西

二絹二銀五十兩通事從人緞紬絹銀各
有差
康熙二年荷蘭國王遣其臣稱出海王者
統領兵船至閩安鎮助勦海逆三月遣其
户部官老磨軍士丹鎮總兵官巴連衛林
等朝貢請貿易　奉
旨准二年貿易一次
三年大兵渡海攻鄭錦等進克厦門荷蘭

國率舟師助勦以夾板船乘勢追擊斬首
千餘級遂取浯嶼金門二島事由靖南王
耿繼茂入奏
賜國王文綺白金等物
頒敕諭二道褒獎遣官齎至福建令給付本國人
帶回
賜出海王銀一千兩大蟒緞四糚緞四錦四綵緞
表裏各二十四疋

賜
國王銀二千兩大蟒緞五糚緞五倭緞五閃緞
五片錦五綵緞表裏各三千五
五年國王燿隟連氏甘勃氏遣陪臣賓先
巴芝奉金葉表入貢大尚馬四匹鞍轡具
鍍金鑲銀馬銃起花金刀各八把鑲金小
銃六把大哆囉呢大嗶嘰緞各十六疋中
哆囉呢嗶嘰緞各八疋小哆囉呢一疋嗶
嘰緞各四疋荷蘭絨大花緞各六疋荷蘭

卷三 五

五色大花緞三疋大紫色金緞紅銀緞各
一疋大珊瑚珠二百零二顆五色絨氈五
色毛氈各二領西洋花布三十大疋西洋
白細布西洋小白布各一百疋西洋大白
布六十疋西洋五色花布褥十五領照鏡
大鏡二面小車一張西洋白小牛一隻琥
珀四塊共五觔八兩牡丁香白胡椒各五
百又來進珊瑚珠四串琥珀一塊沉香六

塊密蠟金匣銀盤盛珠銀盒各一個火雞
蛋四個二眼長鎗二眼馬銃小鳥銃各二
把鐵甲一領白爾善國緞褥一條哆囉絨
十疋海馬角二塊小馬銅獅各一個小狗
二個銅山一架銅礮二對刀二把照水鏡
四面薔薇露二十罐
賞正使親男一名係附散照從人例
賞給伴送守備三等馬一匹照應官及土通事各

卷三 十二

緞袍一件護送兵丁彭緞袍一件奉
旨荷蘭國既八年一貢其二年貿易永遠停止
謹案此次表文有云外邦之丸泥尺土乃
是中國飛埃異域之勺水蹄涔原屬天家
滴露見澳門紀畧據紀畧云康熙初征臺
灣平其王耀漢連氏甘勃氏遣賓先巴芝
入貢即是年也然考
大兵勦鄭逆平臺灣在康熙三年今二十五

年貢使同一人此據紀畧神書其名耳
大年五月國王噶嚕吧王油煩馬綏極遣
陪臣奉表文入貢方物大尚馬鞍轡口具鑲
金鑲銀荷蘭五色大花緞大紫色金緞紅
銀緞大珊瑚珠五色絨毯五色毛毯西洋
五色花布西洋白細布西洋小白布西洋
大白布西洋五色花布褥大玻璃鏡玻璃
鑲燈荷蘭地圖小車大西洋白小牛並進

卷三　十二

大琥珀丁香白胡椒大檀香大象牙並琉
璃器皿一箱又使臣進貢方物珊瑚珠四
串琥珀一塊沈香六塊瑪瑙盒一匣銀盤盛
珠銀盒各一個火雞蛋四個二眼長鎗二
眼馬銃小鳥銃各二把鐵甲一領白爾善
國緞褥一條哆囉絨十疋海馬角二塊小
馬銅獅各一個小狗二個銅山一架銅礮
二對刀二把照衣鏡四面薔薇露二十罐

奉
旨照順治十三年例加
賜國王大蟒緞粧緞倭緞片金緞閃緞帽緞藍緞
素緞各一花緞綾紡絲各四絹二正使蟒
緞大緞各一
又題准荷蘭國違例從福建來入貢除今
次不議外嗣後遇進貢之年務由廣東道
入別道不許放進

謹案此次貢物有刀劍八皆可屈伸馬四
鳳鷹鶴脛迅速異常
二十五年國王耀漢連氏甘勃氏遣陪臣
賓先巴芝表貢方物哆囉絨十疋烏羽緞
四疋倭緞一疋嗶嘰緞二十疋織金花緞
五疋織金大絨毯四領白幼軟布二百十
九疋文彩幼織布十五疋大幼布三十疋
白幼毛裏布一百疋大珊瑚珠六十八顆

琥珀十四塊照身鏡江河照水鏡各二面
照星月水鏡一面自鳴鐘一座琉璃燈一
架聚耀燭臺一懸琉璃盃五百八十個象
牙五枝鑲金鳥鎗鑲金馬鎗小馬鎗起花
佩刀各二十把馬鎗鳥鎗鑲金刀劍利潤
劍各十把彩色皮帶二十佩繡皮帶十佩
起花劍六把火石一袋雕製夾板船大小
三隻丁香三十石檀香二十石冰片三十

卷三 十五

二斤肉荳蔻四罐丁香油薔薇花柚檀香
油桂皮油各一罐葡萄酒一桶
又覆准荷蘭道路險遠航海艱辛嗣後進
貢方物酌量減定今貢珊瑚琥珀哆囉絨
織金毯嗶嘰緞自鳴鐘鏡馬丁香冰片鳥
鎗火石餘均免貢
又荷蘭使臣進貢方物銀盤銀瓶各二個
西洋刀頭六柄荷蘭花緞哆囉呢羽緞各

一疋哆囉絨四疋倭絨織金線緞嗶嘰緞
各二疋西洋哈馬氏布西洋毛裏布西洋
沙喃鉋布西洋佛咬嘮布各二十疋
賜國王及正使均照六年加賞例副使照順治十
三年賞標官例夷目官掌書記伴送官通
事從人各賞綢緞絹袍銀有差
賜敕諭曰朕惟柔遠能邇盛化之嘉謨修職獻琛
藩臣之大節輸誠匪懈寵賚宜頒爾荷蘭國王

卷三 十六

屬在遐方克抒悃遣使齎表納貢忠藎之
忱良可嘉尚用是降敕奬諭并賜王文綺白金等
物王其祗承益勵忠貞以副朕眷
又議准荷蘭國進貢之期原定八年一次
今該國王感被
皇仁更請定期應五年一次
又定荷蘭國貢道改由福建
謹案該國請定貢期以船入廣東路近而

險福建路遠而穩部議如所請

又定減貢額嗣後荷蘭貢物止令進大尚

馬珊瑚等十三種其織金緞羽緞倭緞及

各樣油小箱腰刀劍布琉璃鐙聚燿燭臺

琉璃盃肉荳蔻葡萄酒象牙皮袋夾板樣

船俱免其進獻由是職貢彌謹

乾隆元年

特命減荷蘭稅額

諭曰朕聞外洋紅毛夾板船到廣時泊於黄埔地方起其所帶礮位然後交易俟交易事竣再行給還至輸稅之法每船按梁頭徵稅銀二千兩左右再照則抽其貨物之稅此向例也乃近來夷人所帶礮位聽其安放船中而於額稅之外將伊所攜置貨現銀另抽一分之稅名曰繳送亦與舊例不符朕思從前既有起礮之例此時何得改易至於加添繳送尤非朕嘉惠遠人之意

著該督查照舊例按數裁減並將朕旨宣諭各
夷人知之欽此
二十七年准荷蘭國夷商每船配買土絲
五千觔二蠶湖絲三千觔是年十月荷蘭
商人許力等呈稱彼國無織紉之工求量
帶紬緞經兩廣總督蘇昌奏准於絲千觔
扣帶紬緞八百觔著爲例
五十八年十月奉

聖諭據蘇楞額奏凡紅毛貨船進口與各國夷船
一律丈量收稅等語前因暎咭唎遣使航海遠
來輸誠納賮是以格外加恩將攜帶貨物免其
納稅係指此次貢船而言外此辦事往往膠柱
鼓瑟或因有此旨意存拘泥竟將該國別項貿
易商船概行免稅轉致西各國心生觖望紛紛
籲請一體免稅成何事體著傳諭蘇楞額務
遵前旨固不可例外浮收亦不得於貢船之外

概行減稅惟當按照定例收納以昭平允欽此
五十九年荷蘭國王喊啉嗱囒呢哪嘍遣
陪臣余悚第生奉表入貢表稱和蘭國王
勃嘴氏委吧國公勃沙里仁直嘮氣管牛
嶼暨公班衙等處地方事務派律帽祿沃
力丁勃里稽喃時袂力等頓首書奉
皇帝陛下以德臨御宜履四海之福以仁恤衆將
來無疆之壽溯自

卷三　十九

聖祖仁皇帝以至於今敝邑在粵東曾百易永承
聖澤之廣被而遠邇無不向化者也來歲恭逢
國壽天下咸慶之期萬民樂德之秋歷稽周古以
來未有我
皇上聖神建極之盛也勅囑屬在遐陬歷受
恩澤敢不聞風而致慶焉謹遣來使余陳等生
恭赴
闕下謹行朝貢叅賀

皇太子來年踐祚慶萬國之咸寧叶千齡之廣運

來使備禮法疏畧萬乞

包容仍懇遠

賜旋棹曷勝激切仰慕之至伏惟

聖慈垂鑒謹奉表以

聞又奏稱

至大普惠仁慈中外洋溢

天朝

大皇帝陛下呢嚧哦啡呢噻㖸吐嚒喇吶啼啤喱
四人專主辦理嗊嚰囒國事務委代國王嗽
咻嘩嚰哑哪嘍具奏保佑
天朝
大皇帝萬事遂心吉祥如意
天降徵祥從心所欲因爲聲教覃敷天下一人
聖明睿智天下無不感頌再嚐囒國來廣東貿易
感沐

天朝
列祖大皇帝
天朝
大皇帝格外施恩緣本國王同公班衙世代沾恩
感激本國王久有心輸誠命專主國畢呢
噠啵四人在叭听味就近探聽聞得明年
恭逢

大皇帝六十年大慶普天同慶本國王同公班衙
十分歡喜一面啟知本國王一面專差貢
使嘚勝賫表到京叩賀務來
天朝
大皇帝賞臉今貢使嘚勝其代國王來京虔誠叩
首恭賀千載難逢之盛典即如本國王親
來叩賀一樣貢使叩見
天朝

大皇帝面奏惟願
上蒼庇祐歲歲天下太平長生萬萬歲將來
天朝
大皇帝親見
乃主太子受
天庇祐萬事如意均同
天朝
大皇帝一樣貢使得勝來京叩賀定邀

卷三　一三一

天朝

大皇帝喜歡優容惟願貢使回國時面述

天朝盛典更加舞蹈歡呼　來書千七百九十四年七月二十六日

九月二十二日總督長麟會奏本年九月

十六日據洋商稟稱有荷蘭國使臣嘚[口勝]

恭賫表貢到粵叩祝明年

大皇帝六十年大慶船隻已抵虎門懇求代奏等

語臣等當即派員將該貢使照料到省據

該貢使呈出表文譯出漢字詞意極爲誠
敬臣等當即會令貢使嘚[口勝]進見據該貢
使先向北望
闕行三跪九叩頭禮并跪稱國王喊咻嗶㘓咥
哪嗖仰慕
大皇帝仁德傾心已久因相距
天朝甚遠無遇
慶典得信較遲且係海外遠夷不諳

卷三　卒

天朝體制是以未敢造次冒昧國王乔哷噂主
國事之呢嚧吱等四人在叭咘味地方就
近探聽如還
天朝慶典即一面啟知國王一面預備表貢遣
官赴粵不許稽遲本年呢嚧吱等探知明
年係
大皇帝六十年普天大慶若俟回國修表備貢叭
咘味地方相距本國來往十年幾萬里勢必

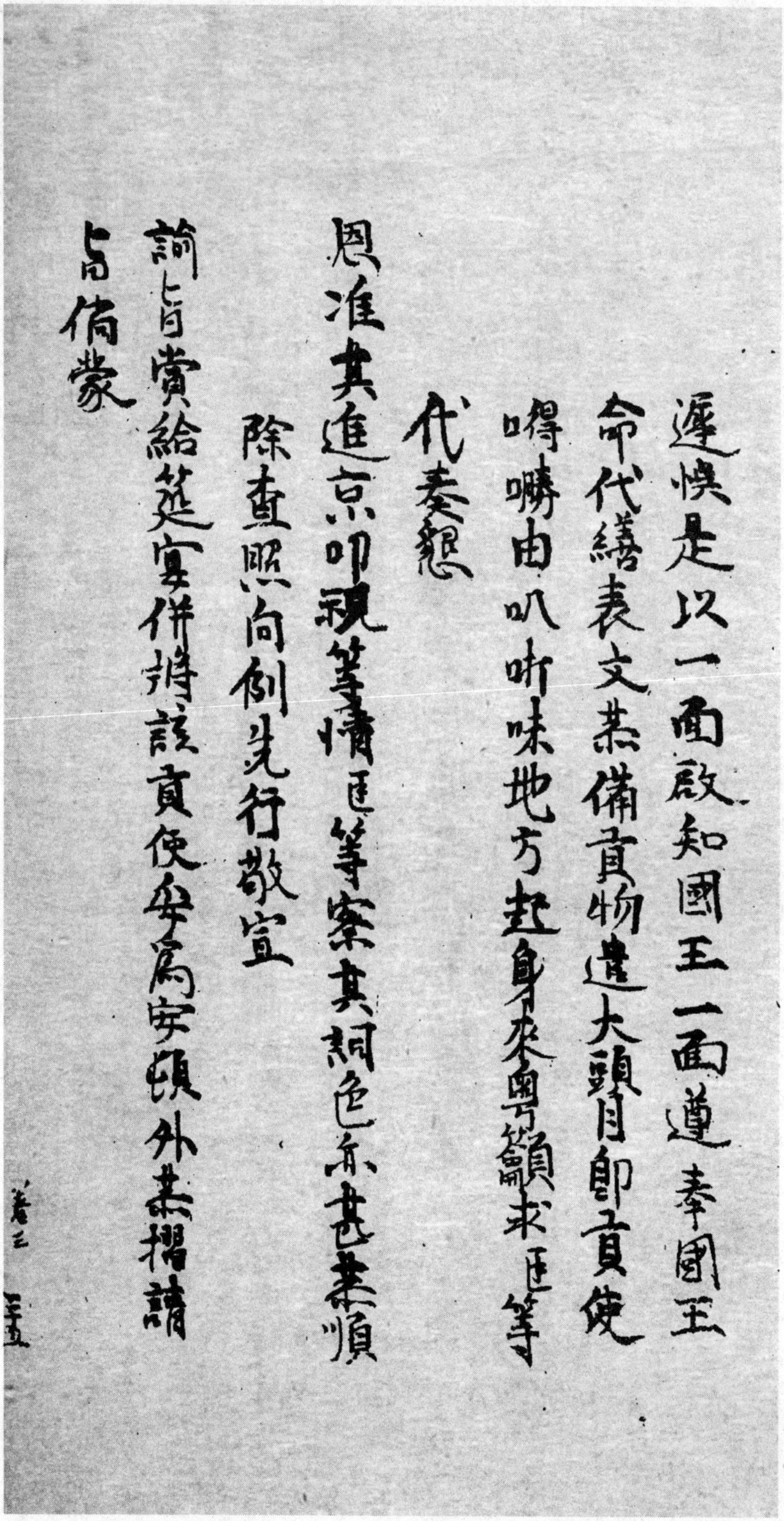

遲悞是以一面啟知國王一面遵 奉國王
命代繕表文恭備貢物遣大頭目郎貢使
嘚嘛由叭听味地方起身來粵籲求臣等
代奏懇
恩准其進京叩覲等情臣等察其詞色亦甚恭順
除查照向例先行敬宜
諭旨賞給筵宴併將該貢使妥爲安頓外恭摺請
旨倘蒙

聖恩准其赴
闕瞻
覲或應於本年十月內令其由粵起身赶於本年
十二月到京隨同各國外番輸誠叩祝抑
或令其在廣東暫住恭候來年
萬壽之前再行到京或將其表貢即由臣等代進
毋庸貢使進京之處恭候
諭旨遵行　又片奏臣等查自上年嘆咭唎進

貢回國之後各國在廣貿易夷人無不感
皇上如天恩威較前倍覺恭謹且見暎咭唎使臣
得以進京瞻仰
天顏亦無不共生仰慕引爲榮幸今荷蘭國遣使
進貢臣等查其表文係公班大臣呢嘜啵
等恭代國王出名似與體制不符但經臣
等再三盤詰據稱該國王實在誠心早
要納貢呢嘜啵等因得信已遲計算日期不

卷三　二十五

及回國繕表屬實並非兆嚥啵等敢替國
王擅作主意率請備蒙
聖恩准其趨詣
闕廷隨班叩祝不惟該國君臣幸叨
恩寵即在廣貿易之各國夷人亦必更深欽仰共
戴
寬仁合併陳明十月初九日奉
聖諭長麟等奏荷蘭國遣使賚表納貢懇求進京

叩祝一摺此係好事披閱長麟等譯出原表該
國王因明年係朕六十年普天同慶專差貢使
賷表到京叩賀情詞極爲恭順長麟等因其表
文係公班大臣呢嚨哦等代伊國王出名與體
制稍有不符復加盤詰何必如此深論自應准
其來京瞻覲遂其向慕之忱著長麟等即傳諭
該使臣等知悉並派委妥員護送起程祗須於
十二月二十日封印前一二日到京俾得與衆

卷三 二十六

古王公及外藩諸國使臣一體同邀宴賚並著
知會沿途經過省分令各督撫一體派員按例
照料以便如期到京再荷蘭國所進表文在京
西洋人不能認識並著長麟等於住居內地之
西洋人有認識荷蘭字體兼通漢語者酌派一
二人隨同來京以備通譯欽此
貢使至京恭進萬年如意八音樂鐘一對
時刻報喜各式金表四對鑲嵌金小盒一

對鑲嵌帶版四對珊瑚珠一百八顆琥珀
珠一百八顆千里鏡二枝風鎗一對金銀
線三十觔琥珀四十觔各色花氊十版各
色羽緞十版各色大呢十版 西洋布十匹
地毯二張大玻璃鏡一對花玻璃壁鏡一
對玻璃撒燈四對燕窩一百觔檀香五百
觔荳蔻一百觔丁香二百五十觔檀香油
三十瓶丁香油三十瓶

賜蘇國主例賞物件內銀三百兩折玉器二件貢
使銀百兩外加五十兩大班一名銀八十
兩緞疋照庫官掌案官之例啡囒哂番人
二人名寫字人二名醫生一名緞銀俱與
庫官掌案官例同加
賜國王玉如意一大紅龍緞大紅蟒緞百花粧緞
錦緞各三綾羅紡絲春綢各十疋
御筆福字一龍緞漳絨各二玉器琺瑯器各二雕

漆器文竹器各四瓷器八貢使一名石青
蟒緞藍糚緞綠閃緞紫錦緞各一綾羅紡
絲春綢各四又大卷八絲緞錦緞各一瓷
器四茶葉四瓶大荷包二小荷包四又大
卷緞閃緞各二鼻煙壺一瓷器三大荷包
二小荷包六大班一名糚緞錦緞大緞宫
綢各一綾紡絲各二又大卷五絲緞錦緞
各一瓷器二茶葉二瓶大荷包二小荷包

四又大卷緞閃緞各一鼻煙壺一瓷器二
大荷包二小荷包四咈囒哂番人二名華
緞錦緞大緞宮綢各一綫紡絲各二寫字
人二名醫生一名與咈囒哂番人同跟役
跟兵十八名彭緞綢各二布各四
十二月奉
聖諭上年暎咭唎國遣使來京恭進表貢所有經
過各省督令各該督撫給與筵宴此次荷蘭國

遣使來京本日據陳淮具奏未經給宴但該國
慕化輸誠航海遠至自因知上年暎咭唎使臣
到京時得蒙天朝恩錫優渥宴賚駢蕃是以聞
風踵至今該使臣等在途經過省分未預筵宴
是同一西洋進貢使臣轉似區分厚薄失中國
正大之體該貢使等聞知未免稍覺觖望除俟
該使臣等到京後一體賜加賞賚外著傳諭各
該督撫將來該使臣等回程經過時俱仍仿照

卷一　二十九

嘆咭唎使臣之例酌給筵宴時並宣諭該使臣
等此次爾等慕化遠來大皇帝鑒爾等恭順從前
爾等進京時原應筵宴但因爾等趕於年內到
京沿途行走期限緊迫恐躭延時日是以未經
筵宴今爾等回程舒徐仍遵上旨賞爾等筵宴等
語向其明白宣示該使臣等聞知自必益臻歡
感也欽此
又奉

上

諭據奏荷蘭國貢使搭坐商船來粤船商咭𠯿現已裝貨完畢放洋業據咭𠯿將入口出口船料稅銀等項全數交納荷蘭國貢使遠來納貢業例納稅外其應納船料及出口買帶貨物著加恩免其交稅今此項出口船料等稅業據全交著俟該貢使回國時仍令給還以示柔遠懷來至意欽此

粤道貢國說卷之三終